Für Annemarie

Tillie und der Vorleseroboter
© Baeschlin, Glarus 2021
Ein Verlag der Lesestoff-Gruppe
Gestaltung: AS Grafik, Urs Bolz
Projektleitung: Baeschlin, Gaby Ferndriger
Lektorat: Baeschlin, Gaby Ferndriger
Korrektorat: Baeschlin, Julie Hitz
Druck und Bindung: Grafisches Centrum Cuno, Calbe DE
ISBN: 978-3-03893-0389

Besuchen Sie uns im Internet: www.baeschlinverlag.ch

Baeschlin wird vom Bundesamt für Kultur für die Jahre 2021–2024 unterstützt.

Produziert mit Materialien aus nachhaltiger Forstwirtschaft
und mit lösungsmittelfreier Farbe gedruckt.

STEFAN APITZ

Tillie

und der
Vorleseroboter

BAESCHLIN

Tillie liebt Geschichten.
Geschichten von Feen, Zwergen, Einhörnern,

Zweihörnern, verzauberten Prinzen, kleinen und großen Hexen, frechen Räubertöchtern, verfluchten Piratenschätzen und noch vielem mehr.

Am besten gefiel es ihr, wenn Mama oder Papa ihr Geschichten vorlasen. Dann begann Tillie von all den wundersamen Dingen zu träumen, von denen die Geschichten erzählten.

Und in ihrer Fantasie konnte sie die Märchenfiguren vor sich sehen, als wären sie Wirklichkeit.

Als Tillie fast fünf Jahre alt war, mochte sie eine Geschichte besonders gern.

Sie erzählte von unvergleichlich schönen und vornehmen Prinzessinnen, einem verzauberten Märchenschloss, einem schönen Prinzen und einer goldenen Kutsche mit weißen Pferden.

»Papa, liest du mir das Prinzessinnenbuch vor?«,

rief Tillie jeden Abend.

»Oooooch wirklich, schon wieder?«, fragte Papa.
»Bitte, das mag ich doch so gerne!«, bettelte Tillie.
Papa seufzte ein bisschen, doch dann setzte er sich zu ihr und las das Buch von den wirklich sagenhaft extraschönen Prinzessinnen vor.

Oft waren Mama und Papa aber auch müde
oder taten langweilige Erwachsenendinge.
Dann sagten sie: »Später, mein Schatz...«
oder »Geh schön spielen!«

Tillie musste dann sehr ernst schauen
und etwas deutlicher werden:

»Könnt ihr mir bitte
eine Geschichte vorlesen?«

»Also gut, noch eine allerletzte
Geschichte«, lenkte Papa ein.
»Oder zwei letzte? Oder fünf?«,
fragte Tillie.

Doch es konnte passieren, dass Papa beim Vorlesen einschlief.
Und wenn Tillie ihn weckte, las er an der falschen Stelle weiter.
Das klang dann so: »Die Prinzessinnen waren in der
Monsterhöhle gefangen ... wo war ich? Ach ja ...
und dann saßen sie glücklich und zufrieden auf einem Regenbogen
und tranken heiße Schokolade. Ende.«

So gefiel Tillie die Geschichte aber nicht.

Tillies fünfter Geburtstag rückte immer näher. Mama und Papa machten ein großes Geheimnis um ihr Geburtstagsgeschenk. Die Post hatte mehrere Pakete gebracht, die gleich im Arbeitszimmer verschwanden. Papa verbrachte viel Zeit im Arbeitszimmer und es schien so, als baue er etwas zusammen. Es musste etwas Kompliziertes sein, denn Tillie hörte ihn fluchen: »Schei...benkleister, es klemmt!« und »Potzdonner Kupferdeckel, wo ist die Bauanleitung?« oder »Autsch, mein Finger!«

Und als Tillie am Morgen ihres Geburtstages aufwachte und in das Wohnzimmer lief, stand dort ein großes Paket mit einer roten Schleife.

»Wow! So ein großes Geschenk, was kann das sein?«,

rief Tillie aufgeregt. Sie zog die Schleife auf und arbeitete sich durch Berge von Papier, Karton und knisternder Knatterfolie.

Kaum zu glauben, was da zum Vorschein kam.
»Wow ... ein richtiger, echter Roboter! Ein Roboter nur für mich?!«, rief Tillie außer sich vor Freude.

Vorn hatte der Roboter einen großen Schalter. Tillie wackelte vorsichtig daran, bis es ›klack‹ machte. Der Roboter fing an, ein bisschen zu summen, seine Augen begannen zu leuchten, dann richtete er sich quietschend auf und sagte mit kratziger Stimme: »Guten Tag - brzz - ich bin Roboter Konrad. Darf ich dir - brzz - eine Geschichte vorlesen?«

Für einen kurzen Moment wusste Tillie nicht, was sie sagen sollte, so sehr freute sie sich. Aber dann rief sie laut: »Ja!«

Die nächsten Tage las Roboter Konrad Geschichten vor, wann immer
Tillie es wollte. Er erzählte so lebhaft und spannend, dass es war,
als hörte sie die Geschichten zum ersten Mal. Er konnte sogar verschiedene
Stimmen nachmachen. Mit hoher Piepsstimme las er vor: »Hallo,
ich bin Prinzessin Zuckerwatte aus dem Zuckerland!«
und mit einer tiefen Brummstimme: »Ich bin Boris der
hungrige Bär und ich liiiebe Zuckerwatte!«.

 Er machte auch lustige Geräusche dazu: ›tarapptarapp‹
galoppierten wilde Pferde, ›grooaaarrrr‹ brüllte ein Drache und
›uuuiiii-wumm‹ zischte ein Raumschiff los zu den Sternen.
Das Prinzessinnenbuch las Konrad sogar vierzehn Mal an einem Tag vor.
Niemals wurde er dabei müde oder brauchte eine Pause.

Tillie war glücklich.

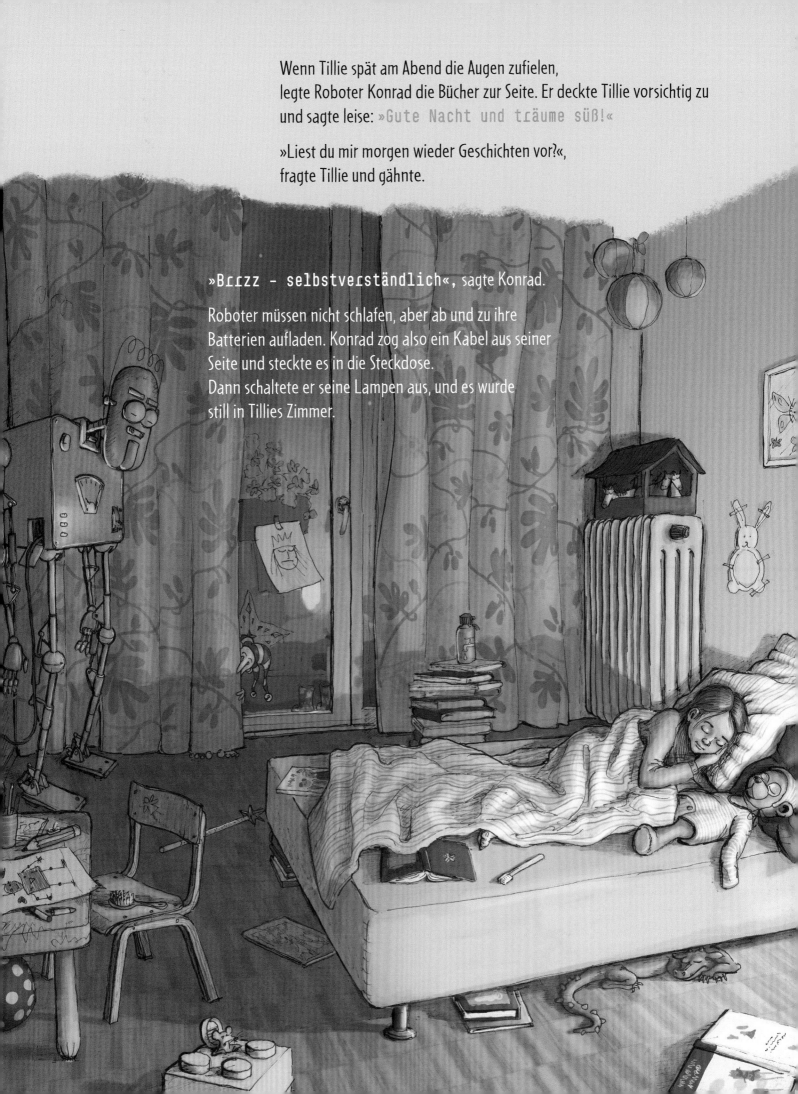

Wenn Tillie spät am Abend die Augen zufielen,
legte Roboter Konrad die Bücher zur Seite. Er deckte Tillie vorsichtig zu
und sagte leise: »Gute Nacht und träume süß!«

»Liest du mir morgen wieder Geschichten vor?«,
fragte Tillie und gähnte.

»Brrzz - selbstverständlich«, sagte Konrad.

Roboter müssen nicht schlafen, aber ab und zu ihre
Batterien aufladen. Konrad zog also ein Kabel aus seiner
Seite und steckte es in die Steckdose.
Dann schaltete er seine Lampen aus, und es wurde
still in Tillies Zimmer.

So vergingen die Tage und der Roboter tat, was Tillie sich wünschte.
Immer und immer wieder musste Konrad Tillies Lieblingsgeschichte vorlesen.
Er erzählte von den superschönen Prinzessinnen, vom traumhaften Märchenschloss,
von der goldenen Kutsche und vom stolzen Prinzen mit dem langen, wallenden Haar.

Tillie jauchzte vor Freude und rief »Noch mal, Konrad, noch mal!«
wenn sie an einer besonders schönen Stelle im Buch waren.

Doch nach einigen Wochen wurde die Stimme von Konrad
noch kratziger als sonst und er machte komische Geräusche
wie ›brazzl‹, ›krrik‹ oder ›klonk‹.

Als der Roboter die Prinzessinnengeschichte zum dreihundert-
neunundsiebzigsten Mal vorlesen sollte, begann er plötzlich
furchtbar zu rattern und alle Lämpchen blinkten wie wild.
»Fehlfunktion! Fehlfunktion!«, rief Konrad.
Dabei quietsche, knirschte und wackelte er so heftig,
dass sich die Schrauben lösten und nach allen Seiten davonflogen.
Auf einmal machte er laut ›Sproing-Dong-Klickeradoms‹.

Roboter Konrad war kaputt!

»Konrad, was ist mit dir?«,

rief Tillie voller Entsetzen. Doch der Roboter rührte sich nicht.
Weder Mama noch Papa konnten ihn wieder in Gang bringen.
Papa drückte auf ein paar Knöpfe und machte dabei ein
dummes Gesicht. Dann hantierte er mit der Bedienungsanleitung
und einer Rolle Klebeband herum.

Mama sagte: »Es hilft nichts, da müssen echte Profis ran,
solche die etwas von Technik verstehen. Der Roboter muss
in die Werkstatt!«

Schon bald kam ein Werkstattauto angefahren und
hielt mit quietschenden Reifen vor dem Haus.
Konrad wurde eilig eingeladen, und das Auto brauste davon.
Tillie schluchzte: »Wird Konrad wieder gesund?«

Am nächsten Tag fuhr Tillie zusammen mit Papa in die Werkstatt, um nach Konrad zu schauen. Viele Roboter standen in der weiten Halle und warteten darauf, repariert zu werden. Überall quietschte, zischte und blitzte es. Auch roch es in der Werkstatt sehr eigenartig. Dies alles machte Tillie Angst. Endlich sah sie Konrad: Er lag auf einem Tisch und war an viele Kabel und Schläuche angeschlossen.

Ein Mechaniker stand bei ihm, öffnete verschiedene Klappen an Konrad und schaute lange hinein. »Hmm, hmm ...«, murmelte er. »Das sieht aber gar nicht gut aus!« Dann machte er allerlei Untersuchungen, maß den Ölstand, prüfte den Positronendurchfluss und lauschte am Kinkerlitzchengenerator.

Nach einigem weiteren Gemurmel schaute der Mechaniker Tillie besorgt an und sagte: »Dein Roboter ist überlastet. Er hat wohl einfach zu oft dieselbe Geschichte vorgelesen.«

»Können Sie ihn denn wieder reparieren?«, schluchzte Tillie.

»Hmm ... ich denke ja«, sagte der Mechaniker. »Aber Konrad muss in nächster Zeit geschont werden. Er darf nicht mehr als zwei Geschichten am Tag vorlesen. Und die Prinzessinnengeschichte höchstens noch einmal pro Woche. Sonst geht er endgültig kaputt.«

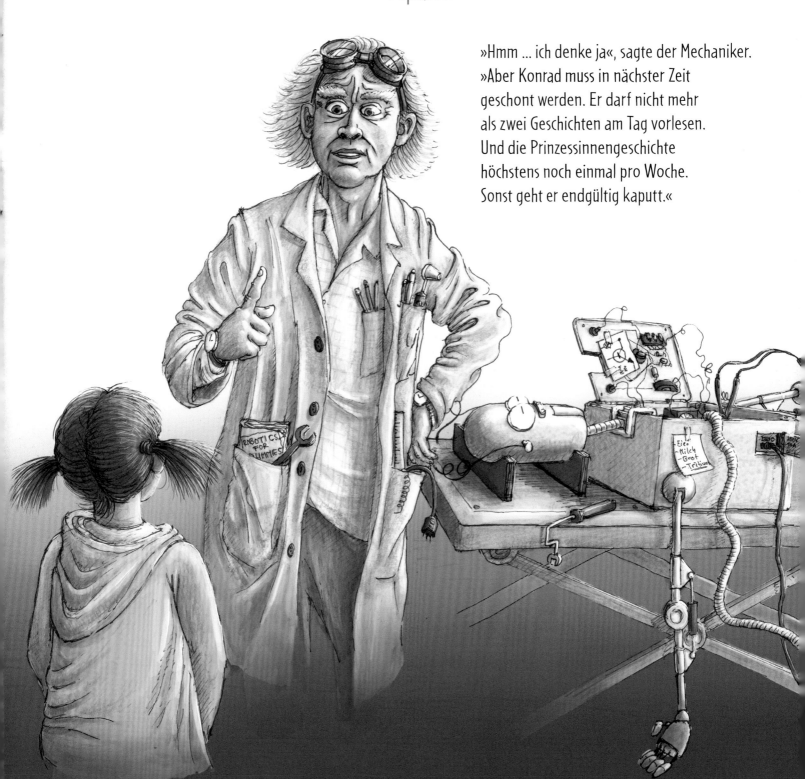

Tillie war sehr froh, als Roboter Konrad wieder nach Hause durfte.

»Von nun an werde ich
         mich gut um dich kümmern«, sagte sie.

Gemeinsam machten sie lange Spaziergänge durch den Park,
gingen in den Zoo oder spielten zusammen.
Eigentlich fand Tillie es ganz schön, mit ihrem Roboter
etwas zu unternehmen. Sie wusste natürlich nicht,
ob Roboter auch frische Luft und Sonnenschein mögen,
aber sie dachte sich, es könne nicht schaden.

Und wirklich, Konrad ging es mit jedem Tag ein bisschen besser.
Seine Stimme klang schon nicht mehr so kratzig,
und er quietschte auch nur noch ab und zu.

Bald war Tillies Roboter wieder wie neu.

Nun konnte Konrad auch wieder Bücher vorlesen.
Aber Tillie dachte sich auch selbst Geschichten
aus und erzählte sie ihrem Roboter.

»Es war einmal eine kleine Elfe, die hatte so viel Süßigkeiten gegessen, dass sie fast geplatzt wäre«, erzählte Tillie. »Und dann gab es den Wollrüssler, der lebte im Himalaya. Und wenn er niesen musste, dann war das so laut, dass der Schnee von den Bergen rutschte ...« Konrad hörte zu und ergänzte die Geschichten mit lustigen Geräuschen, wenn es dazu passte, oder mit spannender Musik, wenn Tillie etwas Gruseliges erzählte.

Tillie und Ihr Roboter dachten sich noch viele Geschichten aus.
Aber die besten Abenteuer, die haben sie selbst erlebt. Denn es wird
niemals langweilig, wenn Freunde etwas gemeinsam unternehmen.

Und das waren sie, die besten Freunde.

Stefan Apitz, geboren 1978 in Jena (DE), studierte
Architektur und zeichnete nebenher Comics und Karikaturen.
Nach zwölf Jahren Arbeit als Architekt in Basel begann er,
inspiriert durch seine beiden Kinder, wieder Geschichten
zu erfinden und zu illustrieren. Das Buch »Tillie und
der Vorleseroboter« ist als Weihnachtsgeschenk
für seine Tochter entstanden und erscheint als
Erstlingswerk im Baeschlin Verlag.